LES CHANSONS
DES PÉLERINS
DE S. JACQUES.

✠ S. IACQVES ✿

ur l'Imprimé à Cωpoſtel

LA GRANDE CHANSON

des Pélerins de Saint Jacques.

Quand nous partimes de france
en grand défir,
nous avons quitté Pere & Mere,
triftes & marris ;
Au cœur avions fi grand défir
d'aller à faint Jacques,
Avons quitté tous nos plaifirs,
pour faire ce faint voyage :
Nous prions la vierge Marie,
fon fils Jesus,
qu'il lui plaife de nous donner
fa fainte grace,
Qu'en paradis nous puiffions voir

Dieu & monsieur saint Jacques.
Quand nous fûmes en la sain-
tonge,
Hélas! mon dieu,   [glises,
Nous ne trouvâmes point d'E-
pour prier Dieu;
Les Huguenots les ont rompues
par leurs malice,
C'est en dépit de Jesus-Christ,
Et la vierge Marie.
Nous prions, &c.
Quand nous fûmes au port de
Blaye
près de Bordeaux,
Nous entrâmes dedans la barque,
pour passer l'eau;
Il y a bien sept lieües par eau,
Bonnes me semble,
Marinier, passe promptement
De peur de la tourmente:
Nous prions, &c.
Quand nous fûmes dedans les
Landes,
Bien étonnés,
Nous avions de l'eau jusqu'à mi-
jambes,
De tous côtés,

A 2

compagnons, nous faut cheminer

En grandes journées,

pour nous tirer de ce pays ;

De si grandes rosées :

Nous vous prions, &c.

  Quand nous fûmes à Bayonne,

Loing du pays,

Changer nous fallut nos couronnes

Et Fleurs-de-Lys ;

c'étoit pour passer le pays

De la Biscaye,

c'est un pays rude à passer,

Qui n'entend de langage :

  Nous prions, &c.

  Quand nous fûmes à sainte Marie,

Hélas ! mon Dieu,

Je regrettois la noble France

De tout mon cœur ;

Et j'avois un si grand défir

D'être auprès d'elle

Aussi de tous mes grands amis

Dont je suis en mal-aise :

Nous prions, &c.

  Quand nous fûmes à la mon-
tagne

Saint Adrien,
Au cœur me vint une pensée
De mes parents,
Et quand ce vint au départir
De cette ville,
Sans dire adieu à nos amis,
Fûmes à notre guise.
   Nous prions, &c.
   Entre Peuple & victoire
Fûmes joyeux
De voir sortir des montagnes
Si grande odeur,
De voir le romarin fleurir,
Thim & lavande,
Rendîmes grace à Jesus-Christ,
Lui chantames louanges.
   Nous prions, &c.
   Quand nous fûmes à saint Do-
    minique,
Helas mon Dieu,
Nous entrames dedans l'Eglise,
Pour prier Dieu,
Le miracle du pélerin,
Par notre adresse,
Avons ouï le coq chanter,
Dont nous fûmes bien aise.
   Nous prions, &c.

Quad nous fûmes à Burges en
      Efpagne
Hélas mon Dieu,
Nous entrames dedans l'Eglife
pour prier Dieu
Les Auguftins nous ont montré
Un grand miracle,
De voir le crucifix fuer,
C'eft chofe vériable :
     Nous prions, &c.
    Quand nous fûmes dedans la
       ville,
Nommée Léon,
Nous chantâmes tous enfemble
cette chanfon ;
Les dames fortoient des maifons
En abondance,
Pour voir chanter les pélerins,
Les enfants de la france :
     Nous prions, &c.
    Quand nous fûmes hors de la
       ville,
Près de faint Marc,
Nous nous afsîmes tous enfemble
Près d'une Croix,
Il y a un chemin à droite
Et l'autre à ganche,

L'un mene à saint Salvateur,
L'autre à mon cur saint Jacques,
  Nous prions &c.
  Quand nous fumes au Mont-
    Eruves,
Avions grand froid,
Recentimes si grande froidure,
Que j'en tremblois;
A saint Salvateur sommes allés,
Par notre adresse,
Les Reliques nous ont montré,
Dont nous portons la lettre:
    Nous prions, &c.
    Quand nous fumes au pont qui
      tremble,
Bien étonnés,
De nous voir entre deux Mon-
      tagnes,
Si oppresses,
D'ouir les ondes de la mer,
En grande tourmente,
Compagnons, nous faut cheminer
Sans faire demeurance,
Nous prions, &c.
    Quand nous fumes dans la Ga-
      lice,
A Rivedieu,

On vouloit nous mettre aux Gal-
lères ,
Jeunes & vieux ;
Mais nous nous sommes défendus
De notre langue ,
Avions dit qu'étions Espagnols ,
Et nous sommes de france :
Nous prions , &c.

Quand nous fûmes à Mon-
Joie ,
Fûmes joyeux
De voir une si belle Eglise ,
En ce saint lieu ,
Au glorieux ami de Dieu ,
Monsieur saint Jacques
Qui nous a toujours préservés
Durant ce saint voyage :
Nous prions &c.

Quand nous fûmes à S. Jacques
Grace à Dieu '
Nous entrâmes dedans l'Eglise
Pour prier Dieu ,
Aussi ce glorieux Martyr ,
Monsieur saint Jacques ,
Qu'au pays puissions retourner ,
Et faire un bon voyage :
Nous prions , &c,

Autre chanson des Pelerins

de S. Jacques.

Quand nous partimes pour
aller à saint Jacques,
pour faire penitence,
confessés avons nos pechés.
Avant que de partir de France,
De nos Curés primes licence,
Nous onte de sortir du lieu,
Nous ont donné pour penitence,
un chapelet pour prier Dieu
Prions Jesus Christ par sa grace
Que nous puissions voir face à face
La Vierge & S. Jacques le grand.

En Dieu nous sommes confiés,
Lui presentant d'un cœur tres
humble,
Nos amis pour les conserver,
De nos cœurs faisant ouverture
Mettant nos corps à l'avanture,
Portan la Croix de Jesus de-
vant,
Sur son bourdon chacun s'appuie,
Disant adieu d'un cœur dolent:
prions Jesus, &c.

Nous nous mimes à cheminer
Droit à Paris pour nous rendre,
c'est pour la Saintonge passer,
Prions Jesus qu'il nous defende
Des ennemis par sa puissance,
Ceux qui voudroient par héré-
sie,
Empecher nos bons desirs,
prions Jesus, &c.

A Lusignan avons passé
De Saintes à Pont, puis à Blaye,
la où nous faut embarquer,
Pourvu que nous ayons mon-
noie,
Puis à Bordeaux la claire voie,
Aux Jesuites sommes allés,

qui nous ont donné grand'joie,
Pain & vin pour notre souper:
prions Jesus, &c.

Mais nous fûmes bien étonnés
Quand nous fûmes dedans les Lan-
des,
Tous mes compagnons & moi,
De nous voir l'eau jusqu'à mi-
jambes,
Mes compagnons, que l'on s'a-
vance,
Et prions Dieu dévotement,
En lui mettons notre espérance,
Et en saint Jacques le grand.
prions Jesus, &c.

changer falut nos gros blancs,
Quand nous fûmes dans Bayonne,
Nos quarts d'écus qu'on nomme
francs,
Avec notre monnoie en somme,
semblablement notre Couronne,
C'est pour la Biscaye passer,
où il y a d'étrange monde,
on ne les entend pas parler.
prions Jesus, &c.

quand nous fûmes à saint Jean
de Luz

Les biens de Dieu en abondance,
car ce sont gens de Dieu élus,
Des charités ont souvenance,
Donnant aux pauvres chevance,
Et de leurs biens en abondance,
Disant : vous aurez souvenance,
Dieu vous conduise à sauvement.
    Prions Jesus, &c.
Mais nous fumes bien éton-
       nés,
Quand nous fumes à sainte Marie,
La tous mes compagnons &
    moi
Dimes adieu à la france jolie,
En pleurant nous nous mimes
    à dire :
Adieu les nobles Fleurs de Lys,
En Espagne nous faut suivre,
C'est un étrange pays,
    Prions Jesus. &c.
Nous avons cheminé long-temps
Dans les montagnes de Biscaye,
Cheminant toujours rudement
Par les pays en droites voie,
Jusqu'au Mont saint Adrien :
    Prions Jesus, &c.
Nous fumes grandement joyeux,

Entre Peuple & Victoire
De voir fleurir le Cicador,
Et egrener la lavande,
Et tant de Romarin qui branche
D'où sortoit si grande odeur,
Nous chantâmes tous ensemble
Pour en louer le Créateur.
    Prions Jesus, &c.

Ah ! que nous fûmes joyeux,
Quand nous fûmes à saint Domi-
    nique,
En entendant le coq chanter,
Et aussi la blanche Geline,
Nous sommes alés vers la Justi-
    ce,
Où resta trente-six jours l'enfant,
Que son pere trouva en vie,
De saint Jacques en revenant.
    Prions Jesus, &c.

Quand à Burges fûmes arrivés,
De grande dévotion portés,
Avons été à l'Eglise,
Priant Notre Sauveur très-digne,
Le suppliant qu'il nous conduise,
Et par voie nous preserve,
Nous avons vu un grand mira-
    cle,

le Crucifix fuer :
Prions Jefus , &c.

    Quand nous fûmes dedans Léon
De la vieille Caftille ,
Nous chantâmes cette Chanfon ,
Au beau milieu de la ville ,
Les hommes , femmes & filles
De toutes parts nous fuivoient ,
Pour entendre la mélodie
De ces bons Pélerins François :
    Prions Jefus , &c.

    Jamais nous n'eûmes fi grand
    froid
Que quand nous fûmes au Mont-
    d'Etuves ,
Etions tranfis jufques au cœur ,
Ne voyant Soleil ni Lune
Le vent , la pluie nous impor-
    tune ,
Mon Dieu , le vrai Médiateur ,
Nous à délivrés de la pluie
Jufques dans faint Salvateur :
    Prions Jefus , &c.

    Quand nous fûmes à faint fal-
    vateur ,
Avons vû les faintes Reliques ;
Qui font fi précieufes & dignes ,

on les montre à tous les passans;
nous en portons les écrits
pour contenter les mecroyans;
   Prions Jesus, &c.
   Là nous fumes bien étonnés,
quand nous fumes au Pont qui
   tremble,
Tous mes Compagnons & moi,
De nous voir entre deux Mon-
   tagnes,
De voir la mer en grande tour-
   mente,
sans faire longue demeurance;
compagnons, nous faut cheminer,
C'est pour à saint Jacques aller:
   prions Jesus, &c.
   Hélas! que nous fumes joyeux
quand nous fumes à Monjoye,
Tous mes Compagnos & moi,
De voir ce lieu tant désiré,
C'étoit de voir la sainte Eglise;
Où rendîmes graces à Dieu,
A la Vierge & à saint Jacques,
D'être arrivés en ce saint lieu;
   Prions Jesus, &c.
   Dieu béniffe ceux qui font du
bien aux pauvres Pélerins.

Chanfon du devoir des Pelerins
Sur l'air, Or fus, peuple de France.

POur à Dieu fatisfaire
Des maux que j'ai commis,
Je defire vœu faire,
Malgré mes ennemis,
A faint Jacques l'Apôtre,
En Galice honoré,
où le Seigneur Dieu nôtre,
en lui eft adoré.
Implorons la hauteffe
De Dieu fouverain Roi,
Je tiendrai ma promeffe,
Ainfi comme je crois;
D'une ame vertueufe
Je m'en vais pour le mieux,
Et qu'enfin bienheureufe
J'aie un retour joyeux.

Avant

avant que je m'en aille,
il faut penser à moi,
Je romprai la muraille,
Qui me retient en moi,
C'est le temps de l'offense,
où je suis renfermé,
Tant que par pénitence,
sois en bien confirmé.

Des choses nécessaires
il faut être garni,
A l'exemple des Pères
N'être pas défourni
De Bourdon, de Mallette,
Aussi d'un grand chapeau,
et contre la tempête
Avoir un bon manteau,

Je défendrai ma vie,
étant ainsi armé,
de la cruelle envie,
du serpent animé,
Qui toujours en embûche
est pour nous decevoir,
Nonobstant son astuce,
je ferai mon devoir,

Ruminant du voyage
ce qu'il contient en soi,
J'aurai en ce passage

L'ame de vive foi,
Le bâton d'efpérance,
Ferré de charité,
Revêtu de conftance,
D'amour & chafteté.

    D'achever l'entreprife
J'ai le cœur défireux,
Quand j'aurai la voie prife,
Je fermerai les yeux
Du voile de prudence,
Afin de ne voir plus
Du monde l'infolence,
L'erreur & les abus.

    J'avois perdu mon Maître,
Mais je l'ai recouvert :
Avec lui je veux être,
Parce qu'il m'a couvert ;
Du manteau de bonnes œuvres,
Me donnant fes tré ors,
Que je porte à toutes heures,
Tant dedans que dehors,

    J'ai la Bourfe & Mallette,
Où ils font renfermés,
Et toutes chofes honnêtes :
Parfois font employées,
D'eau de vive fontaine,
Pour me foulager,

Ma (
Me
A.
A fa
Quar
De p
Pluf
Faifc
Et de
Etoic
Au
Allo:
Pour
Qu'a
Qui
Ores
Touj
Enve
ou
De c
J'ai l
Pour
Aller
De ce
Des (
Amis
N'a

Ma Colleballe est pleine,
Me souvenant du danger.
    Allons par compagnie,
A saint Jacques le grand,
Quant à moi j'ai envie
De passer plus avant,
Plusieurs pelerinages
Faisoient nos peres vieux,
Et de ses saints voyages
Etoient fort desireux.
    Aucuns poussés de zele,
Alloient à Montserac
Pour y voir la Pucelle
Qu'au peuple servira,
Qui va en cette place,
ores soit il pecheur,
Toujours il trouve grace
Envers notre Seigneur.
    oui, de cœur & pensée,
De ce lieu serviteur,
J'ai da voie passée,
Pour à saint Salvateur
Aller voir les reliques
De ce celebre lieu,
Des Corps Saints & pudiques
Amis de notre Dieu.
    N'apprehendons la peine,

Ni le labeur aussi,
car ce n'est chose vaine,
De travailler ainsi;
Si vous desirez vivre
Au ciel heureusement,
Les peines il faut poursuivre
De votre sa vement.

De volonté bien sainte,
Il faut servir à Dieu,
Sans aucune contrainte,
De ce terrestre lieu,
D-laissant Pere & Mere,
Et parens & amis,
Pour meriter la gloire,
Ainsi qu'il est promis.

D'une ame libre & sainte,
Renoncez aux plaisirs
Que vous preniez en France,
Or vous aurez loisir,
Cheminant en Espagne,
Bien que maintes Montagnes
Il vous faudra monter.

En ces tristes demeures,
Vous n'aurez pas souvent
Pain & vin à vos heures,
Quand n'aurez pas de l'argent.

De coucher sur la dure,
Ne vous ennuyez pas,
Quoique deja vous dure,
Même jusqu'au trepas.

    Pensez je vous supplie,
De quel contentement
On a l'ame ravie,
Quand bien & saintement,
L'on peut à Compostelle,
Ses faits purifier,
Et dans l'Eglise belle,
Son cœur sacrifier.

    De coutume ancienne,
On y prend la portion,
Mangeant le pain des Anges
Par grande dévotion,
Qui descendit du Ciel
Pour notre salvation,
Rendant mille louanges
Au grand Roi immortel.

    Puis après une chose,
Qui ne veut séjourner,
Un chacun se dispose,
A vouloir retourner,
Lettres de témoignage
Et d'attestation,
Qu'on prend en ce voyage,

pour la confeſſion.

Qui fait ce ſaint voyage
peut beaucoup meriter,
mais ſi d'eſprit volage
il s'en vouloit vanter,
ne lui preſte l'oreille,
corrigeant doucement
ſoit qu'il veuille ou ne veuille,
ſon cœur tres-promptement.

S'il vouloit par audace,
à tous les preferer,
fait qu'il entende & ſache
cela ſe referer,
a Dieu premiere cauſe,
auteur de noſtre bien,
& que l'orgueil nous cauſe,
ces faits ne valoir rien,

Prions Dieu par ſa grace
nos prieres ouïr,
Jeſus au ciel nous faſſe
apres la mort jouïr
de ſa viſion ſainte,
& que par ſon amour
vivions ſelon ſa crainte,
juſques au dernier jour.

Histoire arrivée à deux Pelerins.

Sur le chant, De la Boisle.

AU nom du Seigneur souve-
rain,
secourez ces deux Pelerins,
l'entreprise & le bon voyage,
ayant fait vœu devotement,
d'aller à saint Jacques le grand,
se sont montrés prudens & sages.

Ces chers Pelerins François,
tous deux se promirent la foi
de vivre & mourir l'un pour
l'autre,
Dans toute adversité,
qu'il viendroit l'un à l'autre
en leur necessité.

Quand ils furent sur le chemin,
L'entretien de ses Pélerins,
Etoit de paroles très-saintes,
Des vies des Saints par amour;
Ils s'entretenoient chaque jour,
Leurs ames à Dieu étant sans fein-
te.

L'un dit, qu'il avoit des parens
sur le grand chemin passant,
Il supplia son camarade
De le suivre jusqu'au logis
De ses parents & amis,
Qu'il lui en feroit le semblable.

Le pauvre pélerin honteux,
N'ayant pas connoissance d'eux,
Fort humblement le remercie;
son compagnon voyant cela,
Le conduit tout d'un même pas
Dans une Hôtellerie.

Incontinent qu'il fut arrivé,
Très-doucement il a posé
son Bourdon derrière la porte
Puis il demanda à souper,
Et fut aussi-tôt se coucher,
Ainsi que l'histoire rapporte.

Il avoit quantité d'argent,
L'hôte du logis très-méchant,

Par une infame perfidie,
Sa femme étant avec lui,
Au pélerin, sur le minuit,
Méchamment ôterent la vie.

Le lendemain de bon matin,
Son camarade, pour le certain,
Demande en l'hôtellerie,
Mon compagnon est-il parti,
L'hôte lui répond qu'oui,
Il est bien loin je certifie.

Mais Il apperçut le Bourdon
Et le sac de son compagnon,
Pareillement une Gondole,
Le pélerin en grand souci,
Dit votre discours est frivole,
Et mon camarade est ici.

Pour en mieux savoir la raison,
Il a fait mettre en prison,
Le maître & la maitresse,
La servante tout soudain
Se confessa à pur & à plein,
Ayant le cœur plein de tristesse,
Ils furent d'abord condamnés
D'être pendus & étranglés,

Ayant fait amende honorable,
La servante, pour le certain,

En fortit fans lui faire rien,
Du meurtre n'étant pas coupable.
   Ce pélerin de Dieu aimé,
Son compagnon fit embaumer,
Et le fit mettre en bière,
Et le porta légerement
Jufqu'à faint Jacques le grand,
D'un amour très-particulier.
Etant à faint Jacques arrivés,
Tout doucement l'a pofé,
Et fit célébrer une Meffe :
En fortant de ce lieu facré,
Un ombre le vint embraffer,
Avec grande amour & tendreffe.
   Une voix lui dit doucement,
Tu m'as retiré du tourment,
Mon camarade fidele,
Tu as fait le voyage pour moi,
Et je vais prier pour toi
Jefus dans la gloire éternelle.
   Nous prions Dieu dévotement,
Et monfieur S. Jacques le grand,
Qu'un jour avec les Archanges,
Nous puiffions chanter hautement
Et crier tous enfemblement
Vive Jefus, le Roi des Anges.

Sur un Gentilhomme qui a fait le
Voyage de S. Jacques, & s'est
rendu Capucin, Sur le chant.
Reveillez-vous belle dormeuse.

PUisque le monde je quitte,
pour vivre au ciel heureusement,
il faut que mon Jesus j'imite,
la Vierge & S. Jacques le Grand.
vive Jesus, vive Marie,
prions le Sauveur maintenant,
qu'il nous fasse à tous la grace
D aller à saint Jacques le grand.
J'aime Jesus, j'aime Marie,
J'aime ces agreables noms,

Et veux paffer toute ma vie.
A leur faire mes Oraifons.

 Je ne porterai d'autres armes
Sinon la Croix de mon Sauveur
Pour combatre à toutes allarmes
Le démon, ce malin trompeur

 Adieu mon pere, adieu ma mere
Adieu mes amis & parents,
Je vous quitte fans plus attendre
Je vais à faint Jacques le grand.

 Adieu le bal, adieu la danfe,
Adieu les feftins & banquets,
Je vous quitte fans répugnance,
Pour fervir Jefus à jamais.

 J'ai un grand feu dedans mon
  ame,
De la part de mon doux Sauveur,
C'eft le Saint Efprit qui m'enflam-
  me,
Je le veux fervir de bon cœur.

 Je prierai la Vierge Marie,
Et Jefus-Chrift fon cher enfant,
Qu'il nous faffe à tous la grace
D'aller à faint Jacques le Grand.

 Adieu le mufc, adieu bel ambre,
Le fard & toutes les fenteurs,
Je vous quitte fans plus attendre,

Pour servir Jesus mon sauveur.
Adieu Gentilshommes de cham-
bre,
Tous mes laquais semblablement,
Ie vous quitte sans plus attendre,
Ie vais a saint Jacques le Grand.
Adieu les princes & les dames,
Adieu les honneurs de la Cour,
Car je m'en vais sans plus atten-
dre,
En un Couvent finir mes jours.
Ie donne toutes mes richesses
Aux pauvres tout presentement,
Afin qu'un jour avec liesse,
Nous ayons part au Firmament.
Nous prions la Vierge Marie,
Et Jesus-Christ son cher enfant,
Qu'il nous fasse a tous la grace
D'aller a saint Jacques le Grand.

On est dans ce pieux voyage,
Delivré de tout accident,
Et c'est par ce pélerinage
Qu'on peut aller au Firmament.

Autre Chanſon des Pélerins de S.
Jacques, Sur l'air : Ma Calebaſſe.
eſt ma Compagne, &c.

QUAND nous partîmes de
France,
Nous dîmes adieu á nos femmes,
Et à nos petits enfants,
A Dieu je les recommande,
Et à ſaint Jacques le Grand.
   Nous prions la Vierge Marie,
Et ſon cher enfant,
Q'il nous faſſe la grace
De voir ſaint Jacques le Grand.
   Quand il nous fallut partir,
Nous dîmes adieu à nos amis,
Tant aux petits qu'aux grands;
A Dieu je les recommande,

Et à ſ

Qu

Le m
Mais
Ils s'
Pour

Q

Avic
Moi
Pou
De ſ

C
cha
Nos
c'eſ
où

Adi
Et l
car

Et à saint Iacques le Grand.

    Nous prions, &c.
    Quand nous fûmes en la Sain-
      tonge,
Le meilleur pays du monde,
Mais il y a de méchantes gens,
Ils s'en vont sur les passages
Pour nous voler notre argent:
    Nous prions, &c.
    Quand nous fûmes dans les
      Landes,
Avions l'eau jusqu'à mi-jambes,
Moi & nous mes Compagnons,
Pour accomplir le voyage
De saint Iacques le Baron:
    Nous prions, &c.
    Quand nous fûmes à Bayonne,
Changer fallut nos couronnes,
Nos écus & nos blancs,
C'est pour passer la Biscaye,
Où l'on n'entend point les gens;
    Nous prions, &c.
    Quand nous fûmes à Sainte
      Marie,
Adieu la France jolie,
Et les nobles Fleurs-de-lys,
Car je m'en vais en Espagne,

c'eft un étrange pays :

　　　nous prions , &c.

　quand nous fûmés à la montée
saint Adrien eft appellée ,
il y a un Hôpital fort plaifant,
où les Pélerins qui y paffent
ont pain & vin pour leur argent :

　　　nous prions , &c.

　　Entre Peuple & Victoire ,
il me fouvint de ma mere ,
Et auffi de mes parents ,
A Dieu je les recommande ,
Et à faint Jacques le Grand :

　　　nous prions , &c.

　quand nous fûmes à Saint Do-
　　minique ,
vîmes le Coq & la Geline ,
la juftice de l'Enfant ,
où tous les pélerins qui paffent ,
En ont le cœur fort dolent :

　　　nous prions , &c.

　quand nous partîmes de Leon ,
Avec moi & mes Compagnons,
Trouvâmes deux chemins ,
L'un à Saint Salvateur mene ,
L'autre à faint Jacques le Grand ,

　　　nous prions , &c.

　　　　quand

Quand nous fumes au Mont Etuve,
Qui est si froid & si rude,
Et fait plusieurs cœurs dolents,
Ont fait plusieurs femmes veuves,
Orphelins, petits enfants.
    Nous prions, &c.
    Quand nous fumes au Pont qui
      tremble,
Nous étions bien vingt ou trente,
Tant François comme Allemans,
Nous nous disions l'un à l'autre,
Compagnons, marche devant.
    Nous prions, &c.
    Marche devant, je t'en prie,
Compagnon, ne t'ebahis mie,
Si j'ai mué mon semblant,
En passant les Monts Etuves,
Et les bois qui sont dedans.
    Nous prions, &c.
    Quand nous fumes à Montjoie
Mon cœur tressaillit de joie
De voir saint Jacques le Grand,
Du vin de ma Calebasse,
Alors j'en ai pris d'autant.
    Nous prions, &c.
    Quand nous fumes à Montferrat,

Mon compagnon devint malade,
Dont j'eus le cœur très dolent,
Du pain de ma malette,
J'en donnai du plus blanc,
J'allois le reconfortant.
    Nous prions, &c.

    Quand nous fûmes à la Ravelle,
Mon compagnon fut mis en terre,
Dont j'en ai le cœur dolent,
J'ai cherché dans fa pochette,
Je n'y ai trouvé qu'un blanc,
C'eft pour écrire une lettre
Pour écrire à fes parens :
    Nous prions, &c.

    Quand nous fûmes à s. Jacques,
Nous n'avions denier ni maille,
Ni moi ni mes Compagnons ;
Je vendis ma Callebaffe,
Mon compagnon fon Bourdon,
Pour avoir du fallotage
De s. Jacques le Baron :
    Nous prions, &c.

    Ma Callebaffe, ma Compagne,
Mon Bourdon, mon Compagnon,
La Taverne m'y gouverne,
L'Hôpital c'eft ma maifon.

ORAISON.

O Bienheureux Apôtre saint Jacques, lumiere & flambeau du monde, lumiere divine Secretaire de J. C. Témoin oculaire de les plus grands miracles, support des Pelerins, Consolateur des affligés, Conducteur des armées chrétiennes, & vrai Médiateur de tous les Pelerins nous vous prions d'avoir pitié de nous, & priez Dieu qu'il lui plaise nous preserver de peste, guerre & famine, de peché & de mort subite. Ainsi soit il.

Mémoire des saintes Reliques qui sont en l'Eglise de Compostelle.

PRemierement, sur le grand Autel est le Corps du grand Apôtre saint Jacques, le grand, tout entier, signalé patron d'Espagne, premier fondateur de la Chrétienté du Royaume, avec deux de ses Disciples, l'un s'appelle saint Athanase, & l'autre saint Théodore.

Item. Sont dans le trésor du Sanctuaire de cette Eglise, les Reliques suivantes, qui se montrent aux pelerins en diverses heures le matin, ensuite de la grand Messe, & après Vepres.

Premièrement la tête de saint
Jacques Alphée, dit le Mineur,
surnommé le Juste, qui ressem-
bloit fort à notre Seigneur, &
qui fut le premier Evêque de Jé-
rusalem.

Item. Une dent de cette sainte
Tête, laquelle fut dérobée, &
par permission divine retourna
d'elle même à ce saint Reliquaire.

Item. Beaucoup d'autres Reliques de S. Jacques le Mineur,
qui sont enchassées ensemble,
avec son Chef en argent doré,
richement orné, & garni de
pierres précieuses.

Item. Une Croix d'or & une
grande pièce de la vraie Croix,
sur laquelle notre Seigneur fut
crucifié.

Item. En un crystal est une
Epine de la Couronne de Notre
Seigneur.

Item. En une Image de Notre-
Dame, il y a une goutte de son
Lait.

Item. Beaucoup d'Os de saint Janvier & de fes Compagnons, Martyrs.

Item. Une Relique de saint Mathieu.

Item. Une Relique de saint Vincent-Ferrier.

En un petit Reliquaire il y a une Relique de saint Brice, Archevêque.

Plufieurs Reliques de sainte Cecile & fes Compagnes, Martyres, qui furent brûlées vives à Grenade pour la Foi.

Un os de s. Clement, Pape, & un grand Os de s. Euftache, Prelat de cette Eglife.

Un grand Os de Torquatès, Difciple de Jacques, Evêque de Cadix.

Une Relique de saint Maurice, Evêque.

Une Relique de sainte Agnés, Vierge.

Six têtes du nombre des onze mille Vierges, Compagnes de

sainte Ursule, lesquelles furent martyrisées à Cologne, Ville d'Allemagne.

La Tête de sainte Pauline Vierge & Martyre.

La Tête de s. Victor, Martyr.

La moitié du Bras de sainte Marguerite.

Beaucoup de Reliques des Vêtements de Notre-Dame, avec beaucoup d'autres de plusieurs srs. Apôtres, Martyrs, Confesseurs & Vierges.

La moitié d'un Bras de Saint Christophe, Martyr.

Une Tête des deux cens Martyrs qui furent martyrisés en la Cité de S. Pierre des Ardens.

Le Corps de sainte Suzanne, Vierge.

Le Corps de saint Sylvestre, Martyr.

Le Corps de s. Cœnce.

Le Corps de saint Fructueux, Archevêque.

*Mémbire des Reliques qui furent
apportées par le Roi Dom Al-
phonfe III. qui ont été placées
aux Autels fuivants.*

PRremièrement, en l'Autel de
s. Salvateur, qui eft la Cha-
pelle des Rois de France, il y a
du Sépulchre de notre Seigneur,
& de fes Vêtements quand on
l'alloit crucifier.
1a Tunique.
De la Terre où poférent fes pieds.
De la Sainte Croix.
Du Pain qui refta à la Cène.
Du lait de fa Sainte mere.
De faint Vincent, Diacre.

De saint Christophe.

De saint Martin, Evêque.

De saint Léocade.

De saint Julien.

De sainte Basilisse.

Des Cendres & du Sang de sainte
Eulalie de Madrid.

Dans l'Autel de Saint Pierre,
qui est à main droite.

De saint Pierre & saint Paul.

Du Sépulchre de nôtre Seigneur.

De saint André, Apôtre.

De saint Fructueux, Evêque.

De sainte Luce.

De sainte Rufsine.

Dans l'Autel de S. Jean l'Evan-
geliste, à main gauche.

De la Robe de S. Jean l'Evangé-
liste.

De saint Barthélemi, Apôtre.

De saint Laurent, Diacre.

De saint Baudeule.

De sainte Leucole.

De s. Jean-Baptiste.
De s. Julien.
De s. Laurent.

Chemin de Paris à Saint Jacques
le Grand.

DE Paris au Bourg-la-Reine,
une lieue.
Longjumeau, 3 l. Monthlery, 2 l.
Caſté 2 lieues. Mortevelle 2 l.
Amerville le gaté 3 l. Tournai
3 l. Arcouzy 2 l. Languette 4 l.
Sarcotte 2 lieues, Orleans 3 l.
Notre-Dame de Cleri 4 lieues.
s. Laurent-des-Faux 6 l. Blois 8 l.
Clermont 8 l. Monthleri 6 lieues.
Tours aux Chateaux 1 l. Monte-
zo 6 l. Ste Catherine de Fiere-

bois 7 l. Alurade 2 l. Chatelle-
rauk 2 l. la Trenerie 8 lieues.
Poitiers 3 lieues. Lusignan 4 l.
le Cheval 4 l. Melle 4 lieues.
la Ville Dieu 3 l. Escournua 3 l.
s. Eutroupe de Vanines 5 lieues.
Plaſſat 4 l. Mytuban 2 lieues.
Toclier 5 l. Blaye une lieue.

De Blaye on paſſe la Garonne 7
lieues pour aller à Bordeaux.

De Bordeaux au petit Bordeaux
2 lieues. l'Hôpital 3 l. la Tri-
cherie 2 l. le Meret 2 lieues.
l'Ponter 2 l. l'Herbe fanée 2 l.
l'Hôpital de s. Antoine 3 lieues.

Notez qu'à l'Eperon, qui veut tirer
à Navarre, faut prendre à main
gauche, & paſſer la Biſcaye.

De l'Eperon a Orly,   2 lieues.
Matique   2 l.
Saint Vincent,   1 l.
Hongres   3 l.
Bayonne,   3 l.

Saint Jean de Luz, 3 lieues.

Sainte Marie de Huran, 2 lieues.

Ici eſt la fin du Royaume de France.

De sainte Marie de Huran, à Handem, 1 lieue.

Villeneuve,	2 l.
Toulouzette,	2 l.
Villefranque,	3 l.
Fegnat,	4 l.
Le Mont saint Adrien,	2 l.
De sidodum à Salvaterie.	2 l.
Victoire,	3 l.
Peuple,	3 l.
Marailde,	3 l.
Leucorde,	3 l.
Saint Dominique,	3 l.
Caſtille,	2 l.
Monaſterie,	2 l.
Parges,	5 l.
Tarradur,	2 l.
Sarville,	8 l.
Fontaine,	2 l.
Quatre-Souris,	2 l.

Pan
Ma
La
Po
Cu
Cu
Sai
Bri
Bu
Pe
La
Le
De
Fo
Le
Et
L
D V
P
V V
F
L T
V
P
S

Panterose,	2 lieues.
Mainnade,	2 l.
La Razoquerie,	3 l.
Population,	4 l.
Curion,	2 l.
Curandille,	2 l.
Saint Lupens,	2 l.
Brisance,	2 l.
Burgos,	3 l.
Pericoc,	2 l.
La Mot,	2 l.
Leon,	2 l.
De Leon a saint Michel,	2 l.
Fontaines,	2 l.
Le mont de Laines,	2 l.
Efforgues,	2 l.
L'Hôpital de Ste. Catherine,	5 l.
Du Reyell.	3 l.
Villeneuve,	3 l.
Pont Salvat,	3 l.
Villefranque,	3 l.
Fumeterre,	3 l.
L'Hôpital de la Comtesse,	2 l.
Trileatte,	3 l.
Villeneuve,	4 l.
Pont sainte Marie,	4 l.
Saint Lomine le Vaeil.	2 l.

Saint Julien,	1 lieue.
Gablevier,	2 l.
Afferance, dit la Villeneuve,	2 l.
Ville-brûlée,	3 l.
Ville-rouge,	3 l.
Sainte Mont-joie,	5 l.

De Paris à s. Jacques.   340 l.

La Vie & les Miracles de Saint Iacques le Majeur, Apôtre.

SAint Jacques le Majeur étoit natif de Galilée, fils de Zebedée & de Marie Salomé, frere de Saint Jean l'Evangeliste, & cousin germain de J. C. selon la chair; son occupation étoit de pêcher; comme un jour il raccommodoit les filets avec Saint Jean son frere, Jesus Christ l'appella a sa suite. Son emploi aprés la mort du Fils de Dieu, fut de prêcher; & comme il prêchoit en Jerusalem, il convertit deux grands Magiciens, ce que voyant les Juifs, ils le firent prendre & mener a Hérode, qui le condamna a être décapité; & ainsi fut martyrisé le premier des Apôtres. Son Corps fut porté en Espagne, en la ville de Compostelle.

F I N.